5-6 mai 1914

OBJETS D'ART

ET DE HAUTE CURIOSITÉ

DU MOYEN AGE, DE LA RENAISSANCE

ET AUTRES

PROVENANT DE LA

Liquidation de l'ancienne Société SELIGMANN

TROISIÈME VENTE

OBJETS D'ART

ET DE HAUTE CURIOSITÉ

DU MOYEN AGE, DE LA RENAISSANCE ET AUTRES

Provenant de la

Liquidation de l'ancienne Société SELIGMANN

TROISIÈME VENTE

CONDITIONS DE LA VENTE

Elle sera faite au comptant.

Les adjudicataires paieront *dix pour cent* en sus des prix d'adjudication.

Paris. — Imp. Georges Petit, 12, rue Godot-de-Mauroi. — 23710-14

CATALOGUE

DES

OBJETS D'ART

ET DE HAUTE CURIOSITÉ

DU MOYEN AGE, DE LA RENAISSANCE ET AUTRES

FAIENCES ITALIENNES, ORIENTALES, HISPANO-MAURESQUES

Antiques — Grès

ÉMAUX CHAMPLEVÉS ET PEINTS DE LIMOGES

Bijoux — Orfèvrerie — Ivoires

FERS — BRONZES — VITRAUX

Bois sculptés — Sculptures

SIÈGES — MEUBLES

Provenant de la liquidation de l'ancienne Société SELIGMANN

ET DONT LA VENTE AURA LIEU A PARIS

HOTEL DROUOT, Salle N° 6

Les Mardi 5 et Mercredi 6 Mai 1914

à 2 heures

COMMISSAIRES-PRISEURS

Me F. LAIR-DUBREUIL	Me HENRI BAUDOIN
6, rue Favart, 6	10, rue Grange-Batelière, 10

EXPERTS

MM. MANNHEIM	M. HENRI LEMAN
7, rue Saint-Georges, 7	37, rue Laffitte, 37

EXPOSITION PUBLIQUE

Les Dimanche 3 et Lundi 4 Mai 1914, de 1 heure 1/2 à 6 heures.

ORDRE DES VACATIONS

Le Mardi 5 Mai 1914

	Numéros
Antiquités	1 à 9
Grès	10 à 15
Faïences	16 à 59
Émaux champlevés et peints	60 à 86
Objets variés, Bijoux, Orfèvrerie	87 à 138

Le Mercredi 6 Mai 1914

Ivoires	139 à 150
Vitraux	151 à 160
Bronzes, Fers	161 à 199
Bois sculptés	200 à 217
Sculptures	218 à 230
Meubles	231 à 241

OBJETS D'ART

ET DE HAUTE CURIOSITÉ

ANTIQUES

1 — Œnochoé en bronze patiné, à goulot trilobé ; elle est munie d'une anse et d'une plaque découpée, ornée d'un mascaron barbu. Travail étrusque antique.

Haut., 55 cent.

2 à 8 — Fort lot d'objets antiques, de l'époque mérovingienne. Il se compose de torquès, bracelets, boucles, plaques de ceinturons, fibules, épingles, etc., en bronze, fer incrusté d'argent, et divers autres métaux. Colliers formés de perles de verre et de terre cuite émaillée. Armes : fers de lance, framées, scramasaxes, en fer, etc. Bouteille en verre, en forme de barillet. Coupes en verre antique et quelques poteries en terre noire. (A diviser.)

9 — Tête de Jupiter, en marbre antique.

Haut., 45 cent.

GRÈS

10 — Cruche en ancien grès émaillé bleu, décorée de médaillons contenant des bustes et les armes de Saxe.

Haut., 28 cent.

11 — Canette en ancien grès gris de Siegburg, présentant saint Jean, sainte Hélène, le Christ et la Samaritaine.

Haut., 34 cent.

12 — Canette en ancien grès gris de Siegburg, présentant trois sujets tirés de l'histoire de Lazare, avec la date : *1559*. Couvercle en étain.

Haut., 33 cent.

13 — Canette en ancien grès gris de Siegburg, décoré de trois montants présentant chacun saint Jean, sainte Hélène et le Christ et la Samaritaine. Couvercle en étain.

Haut., 39 cent.

14 — Cruche en ancien grès gris de Siegburg, à décor de cannelures et petits mascarons. Monture en argent repoussé et doré du XVIe siècle.

Haut., 23 cent.

15 — Chope en ancienne terre de Kreussen, présentant les figures des apôtres. Couvercle en étain orné d'une médaille.

Haut., 20 cent.

FAIENCES

16 — Plat creux en ancienne faïence orientale, ornée de branches fleuries en bleu sur fond vermiculé rouge, décoré à froid.

Diam., 40 cent.

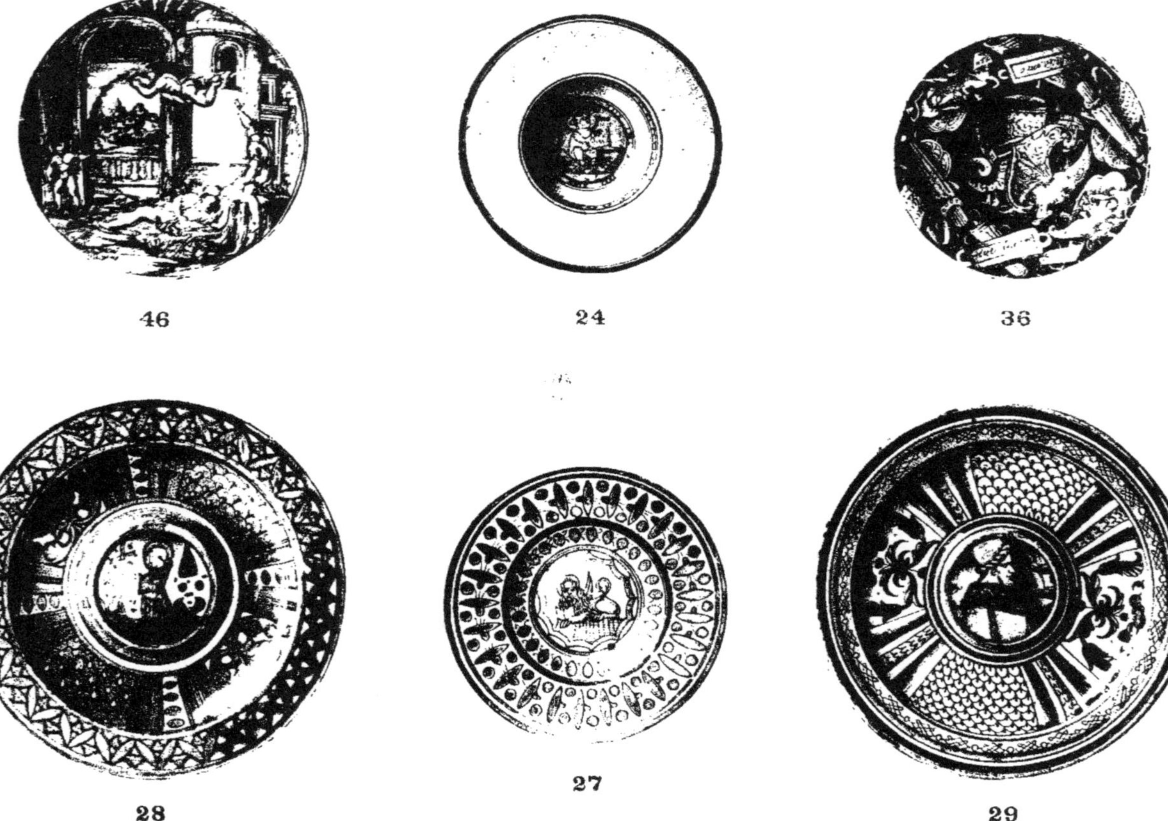

46 24 36

28 27 29

17 — Grande bouteille en ancienne faïence de Rhodes, à décor de branches fleuries. Sur le col, des cannelures simulées, interrompues par un renflement.

Haut., 41 cent.

18 — Hanap cylindrique en ancienne faïence de Rhodes, décoré de branches fleuries et de palmettes. Anse carrée.

Haut., 25 cent.

19 — Vase ovoïde en ancienne faïence de Perse, présentant, en léger relief, des personnages se livrant à diverses occupations, dessinés en noir sur fond blanc.

Haut., 28 cent.

20 — Grand plat à ombilic en ancienne faïence hispano-mauresque, à reflets métalliques, décor de feuillage, et d'imbrications vermiculées.

Diam., 38 cent.

21 — Deux carreaux de pavage en faïence italienne de la fin du xve siècle, décorés : l'un, d'un chien: l'autre, d'un lièvre

Haut., 16 cent.; larg., 16 cent.

22 — Cornet de pharmacie. Il est décoré d'une banderole portant une inscription, et d'une large frise de rinceaux polychromes sur fond blanc. Faïence de Caffagiolo. xvie siècle.

Haut., 18 cent.

23 — Plaque rectangulaire en ancienne faïence de Faenza, présentant la Vierge assise allaitant l'Enfant Jésus et accompagnée de saint Jean-Baptiste. A côté du groupe, un écureuil.

Cadre en bois sculpté.

Haut., 23 cent.; larg., 16 cent.

24 — Petit plat dit *tondino*, en ancienne faïence de Faenza, présentant, au centre, un amour assis sur fond de paysage. Le marli et la chute sont décorés de rinceaux et d'imbrications en *bianco sopra bianco*.

Diam., 22 cent.

25 — Grand plat creux en ancienne faïence de Faenza, décoré, au fond, d'un buste de femme avec banderole chargée d'un nom. Marli orné d'entrelacs et d'arabesques.

Diam., 44 cent.

26 — Plat creux en ancienne faïence de Faenza, à décor d'entrelacs en bleu.

Diam., 30 cent.

27 — Plat en ancienne faïence de Deruta à reflets métalliques jaune chamois. Au fond, le Lion de Saint-Marc. Sur le reste de la pièce, des oves et des fleurs stylisées.

Diam., 24 cent.

28 — Plateau d'aiguière en ancienne faïence de Deruta, à décor bleu et à reflets métalliques jaune chamois ; sur l'ombilic, un saint moine en prières. Alentour, un motif rayonnant.

Diam., 33 cent.

29 — Plateau d'aiguière en ancienne faïence de Deruta, présentant, sur l'ombilic, un buste d'homme barbu et alentour des compartiments de fleurs et imbrications.

Diam., 32 cent.

30 — Vase à deux anses en ancienne faïence de Deruta, à décor de feuilles et imbrications en bleu avec reflets métalliques.

Haut., 22 cent.

31 — Gros pot de pharmacie en faïence de Venise du XVIe siècle. Il est décoré de deux médaillons à bustes d'homme et de femme, séparés par de larges rinceaux et fleurettes jaune et vert sur fond gros bleu 400.

Haut., 29 cent.

32 — Aiguière et son plateau en ancienne faïence de Venise, présentant chacun, sur fond brun chargé de dorure, un médaillon contenant un écusson d'armoiries polychrome. 1420.

Diamètre du plateau, 43 cent.

33 — Bouteille décorée de zones, présentant de larges médaillons, chargés l'un d'une figure d'amour portant une corbeille de fruits, et les autres de larges palmettes stylisées, ainsi que d'ornements géométriques. Faïence de Castel-Durante, XVIe siècle.

Haut., 30 cent.

34 — Bouteille en faïence de Castel-Durante du XVIe siècle. Elle est ornée de zones d'ornements géométriques, à palmettes stylisées jaune et vert sur fond gros bleu, ainsi que d'un large médaillon présentant une figure de génie ailé portant un globe.

Haut., 29 cent.

820. (33 et 34)

35 — Vase de pharmacie en faïence de Castel-Durante du XVIe siècle. Il est à panse ovoïde et décoré de zones et rinceaux feuillagés jaunes sur fond vert et bleu. Il est orné d'un médaillon présentant un buste de personnage vu de face, coiffé d'un turban. Il est muni de deux anses en forme de serpents. 1.000.

Haut., 32 cent.

36 — Plat creux dit *tondino*, en ancienne faïence de Castel-Durante. Il est chargé de trophées en grisaille sur fond bleu. 350.

Diamètre, 21 cent.

37 — Vase ovoïde en ancienne faïence de Castel-Durante à décor de trophées d'armes en grisaille sur fond bleu, avec médaillon en réserve, contenant une figure de femme polychrome.

Haut., 32 cent.

38 — Cruche de pharmacie en ancienne faïence de Castel-Durante, à décor de trophées en grisaille sur fond bleu.

Haut., 21 cent.

39 — Grand plat en ancienne terre vernissée de la Frata, présentant, au centre, un écusson d'armoiries, et, sur le reste de la pièce, des rinceaux fleuris, le tout en vert et gris sur fond jaune d'ocre.

Diamètre, 52 cent.

40 — Vase évasé en ancienne faïence d'Urbino, décoré de mufles de lions en jaune et brun et de rinceaux émaillés bleu.

Haut., 29 cent.

41 — Coupe en ancienne faïence d'Urbino : sujet relatif à l'histoire de Scipion. Fond de paysage.

Diam., 24 cent.

42 — Coupe en ancienne faïence d'Urbino : Mucius Scoevola. Fond de paysage et habitations. Au revers, la légende et la date : *1548*.

Diam., 27 cent.

43 — Coupe ronde en ancienne faïence d'Urbino : l'Ivresse de Silène. Fond de paysage.

Diam., 27 cent.

44 — Coupe en ancienne faïence d'Urbino, présentant les forges de Vulcain. Fond de paysage.

Diam., 28 cent.

45 — Plat creux, dit *tondino*, en ancienne faïence d'Urbino, présentant le sujet de Diogène et Alexandre. Fond de paysage. 445.

Diam., 21 cent.

46 — Plat en ancienne faïence d'Urbino, composition relative à l'histoire de Léandre et de Hero. Au revers, la légende et la date : *1546*. 1000.

Diam., 25 cent.

47 — Plat en ancienne faïence d'Urbino, présentant l'Enlèvement d'Europe. Fond de paysage. 610.

Diam., 27 cent.

48 — Plat en ancienne faïence d'Urbino : Salomon et la reine de Saba. 950.

Diam., 27 cent.

49 — Plat en ancienne faïence d'Urbino : groupe de personnages de style antique sur fond de paysage, avec vue de ville sur les côtés. 1000.

Diam., 28 cent.

50 — Plat en ancienne faïence d'Urbino : Moïse faisant jaillir l'eau du rocher. 400.

Diam., 29 cent.

51 — Deux assiettes en ancienne faïence d'Urbino, présentant, chacune, les armoiries des familles Bockhlin et Christell d'Augsbourg, entourées de grotesques et d'amours. 905.

Diam., 22 cent.

52 — Plat en ancienne faïence d'Urbino, présentant le char de Neptune avec un fleuve au premier plan. 300.

Diam., 33 cent.

53 — Grand plat en ancienne faïence d'Urbino : Apollon écorchant Marsyas. Fond de paysage avec collines et habitations. 420.

Diam., 35 cent.

54 — Plat creux en ancienne faïence d'Urbino, présentant une composition de nombreux personnages relatifs à l'histoire de Moïse. Au fond, une colonnade surmontée de deux tourterelles se becquetant et placées entre une tortue et un serpent.

Diam., 41 cent.

55 — Plat à sujet tiré de l'histoire romaine, en partie en ancienne faïence d'Urbino, décorée de reflets rouges rubis à Gubbio.

Diam., 27 cent.

56 — Deux vases vases de pharmacie en faïence italienne du xvie siècle. Ils sont ornés chacun de deux médaillons, présentant : l'un un lion héraldique et l'autre une figure de la Foi et de la Justice. Le reste de la décoration consiste en larges rinceaux et palmettes polychromes sur fond bleu.

Haut., 26 cent.

57 — Deux pots de pharmacie en faïence italienne. Ils présentent chacun un médaillon à fond jaune avec figure de sainte femme debout tenant un vase et une palme. xvie siècle.

58 — Coupe en ancienne faïence de Castelli : la Nativité.

Diam., 32 cent.

59 — Deux plaques de poêle en ancienne terre vernissée de Nuremberg, présentant, l'une une figure d'Alexandre debout sous une arcade, l'autre une figure de Judas Macchabée, également debout sous une arcade. Cadre en bois sculpté.

Haut., 29 cent. ; larg., 18 cent.

ÉMAUX CHAMPLEVÉS ET PEINTS

60 — Encensoir en cuivre champlevé, à décor de rosaces et de médaillons, présentant des animaux fantastiques. Limoges, XIIIe siècle.

Haut., 15 cent.

61 — Crucifix en cuivre champlevé et émaillé. Limoges, XIIIe siècle, avec figurine du Christ applique en cuivre.

Haut., 23 cent.

62 — Croix en cuivre champlevé, gravé et émaillé, présentant le Christ gravé et réservé sur fond d'émail vert et bleu. Limoges, XIIIe siècle.

Haut., 18 cent.

63 — Croix en cuivre champlevé et émaillé de Limoges, XIIIe siècle. Elle est ornée d'un Christ applique en cuivre partiellement émaillé.

Haut., 21 cent.

64 — Croix en cuivre champlevé et émaillé. Limoges, XIIIe siècle. Elle est ornée d'un Christ d'applique en cuivre gravé et doré, avec jupe émaillée bleu.

Haut., 18 cent.

65 — Petite chasse en cuivre champlevé et émaillé de Limoges, XIIIe siècle. Elle est ornée sur la face et sur le revers de médaillons circulaires, ornés de figures d'anges réservées et gravées, vues à mi-corps.

Haut., 10 cent.; larg., 13 cent.

66 — Plaque de coffret de iorme rectangulaire, peinte en grisaille par *Jean Pénicaud*. Elle présente Samson portant les portes de Gaza. Elle est signée du monogramme *I. P.* Limoges, XVIe siècle.

Haut., 75 millim.; larg., 83 millim.

260. 67 — Petit médaillon rond en émail peint en couleurs, atelier des Pénicaud. Limoges, xvie siècle : Samson enlevant une des portes de Gaza. Au revers, le poinçon de Pénicaud.

Diam., 43 millim.

780. 68 — Plaque de coffret rectangulaire, en émail peint en grisaille avec tons de chair. Atelier des Pénicaud. Limoges, xvie siècle : le Passage de la Mer Rouge.

Haut., 82 millim.; larg., 88 millim.

275. 69 — Plaque carrée en émail peint en couleurs, par *Martin Didier*, dit *Pape*. Limoges, xvie siècle : Samson enlevant les portes de Gaza. Fond de paysage.

Haut., 155 millim.; larg., 155 millim.

350. 70 — Plaque rectangulaire, en émail peint en grisaille avec ton de chair, par *Martin Didier*, dit *Pape* : le Christ montré au peuple. Limoges, xvie siècle.

Haut., 145 millim.; larg., 120 millim.

310. 71 — Plaque rectangulaire, en émail peint en grisaille, par *Pierre Reymond :* Composition mythologique avec la légende : *Cupide et Vénus*. Limoges, xvie siècle. Signée des initiales.

Haut., 75 millim.; larg., 125 millim.

160. 72 — Plaque ronde en émail peint en couleurs, atelier de Pierre Reymond. Limoges, xvie siècle : *l'Annonciation.*

Diam., 9 cent.

380. 73 — Plaque de baiser de paix en émail peint en couleurs. Atelier de Pierre Reymond. Limoges, xvie siècle : Pietà. Composition de quatre personnages. Au fond, la ville de Jérusalem.

Haut., 77 millim.; larg., 60 millim.

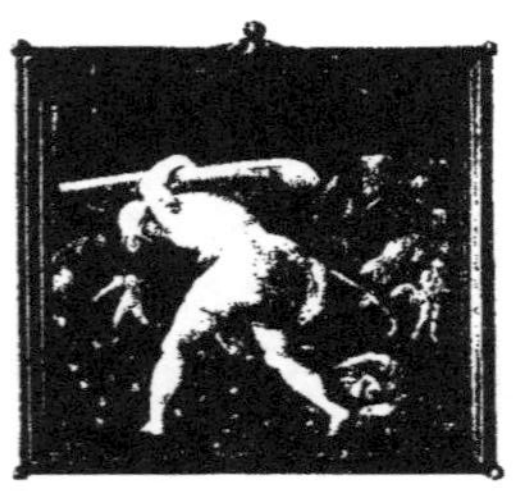

66

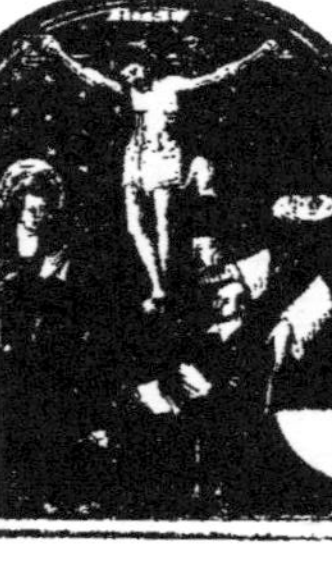

81

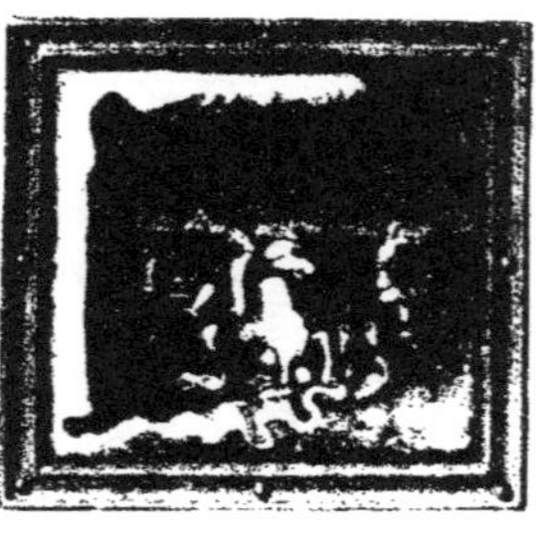

68

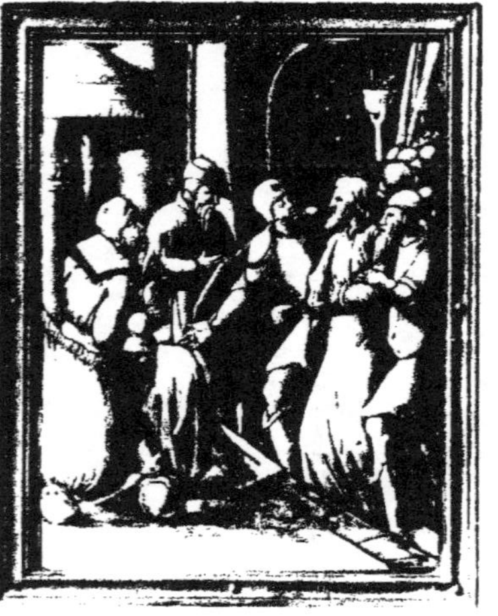

75

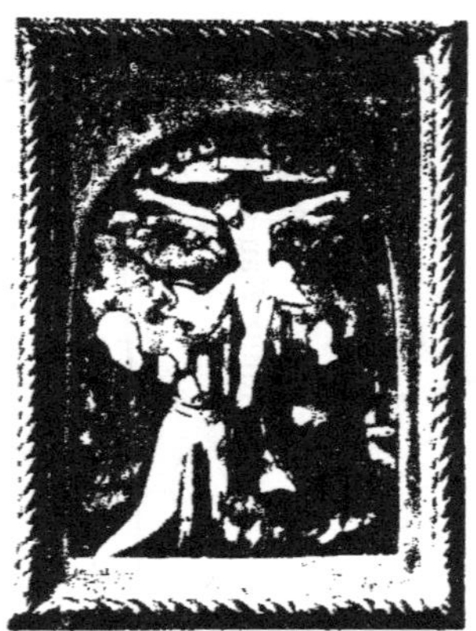

82

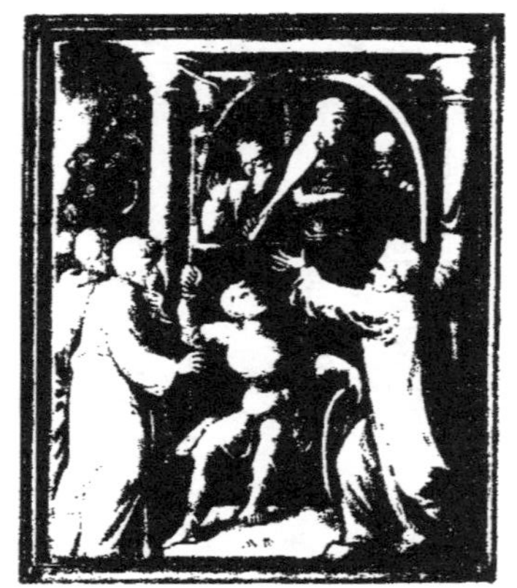

70

74 — Plaque de baiser de paix en émail peint en couleurs. Limoges, xvie siècle. Elle présente le sujet de l'Annonciation. Fond d'architecture. 1600.

Haut., 95 millim.; larg., 75 millim.

75 — Plaque rectangulaire en émail peint en grisaille. Limoges, xvie siècle : Le Christ amené devant Pilate. 295.

Haut., 165 millim.; larg., 125 millim.

76 — Plaque de baiser de paix, en émail peint en couleurs. Limoges, xvie siècle. Elle présente la Lapidation de saint Etienne, composition de trois personnages avec le Saint-Esprit à la partie supérieure. 270.

Haut., 95 millim.; larg., 75 millim.

77 — Deux plaques rectangulaires en hauteur, en émail peint en couleurs. Limoges, xvie siècle. Elles présentent le sujet de l'Adoration des bergers et celui de l'Enterrement de la Vierge. Compositions de nombreux personnages avec inscriptions. Cadre en bois doré et émail. 780.

Hauteur des plaques, 33 cent.; larg., 19 cent.

78 — Plaque ovale en émail peint en couleurs. Limoges, xvie siècle. Elle présente un personnage à cheval, vêtu d'une longue robe bleue avec inscription. Cadre en bois doré et émail. 210.

Grand diamètre, 20 cent.; petit diamètre, 17 cent.

79 — Plaque rectangulaire en émail peint en couleurs. Limoges, xvie siècle. Le Christ à la colonne, composition de cinq personnages. Cadre en bois doré et émail. 460.

Haut., 20 cent.; larg., 16 cent. 1/2.

80 — Plaque ovale, en émail peint en couleurs. Limoges, xvie siècle. Suzanne et les vieillards. Fond de paysage. 200.

Grand diamètre, 20 cent.; petit diamètre, 17 cent.

81 — Plaque de baiser de paix en émail peint en couleurs avec rehauts d'or et paillons, par *Martial Reymond*. Limoges, fin du XVIe siècle. Elle présente le Christ crucifié, ayant près de lui, d'un côté la Vierge, de l'autre, un saint tenant sa tête. Au pied de la croix est agenouillé, un donateur vêtu de noir.

Haut., 110 millim.; larg., 93 millim.

82 — Plaque de baiser de paix en émail peint en couleurs avec paillons. Atelier de Jean Limosin. Limoges, XVIIe siècle. Elle présente le Calvaire avec, au premier plan, le donateur en prières, Balthazar du Bois, avocat au Présidial de Limoges, ayant près de lui son écusson d'armoiries.

Haut., 110 millim.; larg., 83 millim.

83 — Plaque octogone en émail peint en couleurs. Atelier de Jean Limosin. Limoges, XVIe siècle. Elle présente le sujet de la Pentecôte, avec bordure simulant des perles.

Haut., 15 cent.; larg., 11 cent. 1/2.

84 — Plaque de baiser de paix en émail peint en couleurs, avec rehauts d'or et paillons, par *Jean Limosin*. Limoges, fin du XVIe siècle. Elle présente la Vierge assise, tenant l'Enfant Jésus, et près d'elle, un saint moine en prières.

Haut., 110 millim.; larg., 85 millim.

85 — Plaque rectangulaire en largeur, en émail peint en grisaille, par *H. Poncet*. Limoges, XVIIe siècle. Elle présente une composition : Allégorie de l'automne. Signée.

Haut., 105 millim.; larg., 190 millim.

86 — Quatre plaques rectangulaires en largeur, en émail peint en grisaille, par *H. Poncet*, figurant les saisons. Limoges, XVIIe siècle.

Haut., 105 millim.; larg., 190 millim.

Objets variés — Bijoux — Orfèvrerie

87 — Deux fragments en or émaillé et ajouré, composés de rinceaux. Fin du xvie siècle.

Largeur de l'un, 75 millim.

88 — Bague en or émaillé. L'anneau est orné de deux mascarons et le chaton présente une tête de singe exécutée en pierres chatoyantes et entourée d'opales. xviie siècle.

89 — Pendeloque en or émaillé, ornée d'une figurine et enrichie d'une perle baroque et de pierres de couleurs. xvie siècle.

Haut., 6 cent.

90 — Croix-pendeloque en or émaillé, présentant les emblèmes de la Passion. Allemagne. Fin du xvie siècle.

Haut., 4 cent.

91 — Petit bijou-pendeloque en or émaillé, formant reliquaire et simulant un monument quadrangulaire flanqué de colonnettes. Il contient un petit sujet en bois sculpté. Fin du xvie siècle.

Hauteur totale, 7 cent.

92 — Petite croix-pendeloque en cristal de roche, à extrémités garnies d'or émaillé et de petits motifs pavés de roses. Fin du xvie siècle.

Long., 7 cent.

93 — Pendeloque formée d'une plaque de cristal gravé, présentant le sujet de Moïse frappant le rocher. Italie, xvie siècle.

Cadre en or émaillé. Fin du xvie siècle.

Haut., 75 millim.

94 — Bijou-pendeloque en cristal et argent doré, orné, sur chaque face, d'un médaillon en verre, dit églomisé, à sujet saint. Fin du xvie siècle.

Haut., 9 cent.

95 — Bijou-pendeloque en forme de triptyque en écaille, contenant une figure du Christ à la colonne, en or émaillé. Fin du xvie siècle.

Haut., 4 cent.

96 — Petit bijou-pendeloque, en forme de tête de mort, en or émaillé. Cette tête s'ouvre et laisse apercevoir à l'intérieur une petite figurine de la mort tenant la faux. Époque Louis XIII.

97 — Bijou-pendeloque en or émaillé, présentant une figure de sainte Madeleine en prières. Il est enrichi de perles et suspendu au moyen de deux chaînettes. Espagne, fin du xvie siècle.

Haut., 6 cent.

98 — Pendeloque à sujet saint et couronne minuscule, en or émaillé. xviie siècle.

Haut., 10 millim.

99 — Pendeloque en or émaillé, en forme de petite niche abritant une figurine de la Vierge en corail. xviie siècle.

Haut., 55 millim.

100 — Pendeloque, en forme de médaillon, en or émaillé à fleurs et attributs. Elle est enrichie d'une petite perle baroque. Espagne, fin du xvie siècle.

Grand diamètre, 3 cent.

101 — Petite pendeloque en or émaillé, contenant, sur chaque face, un sujet saint. Fin du xvie siècle.

Haut., 3 cent.

102 — Médaillon rond en or ciselé, présentant, au centre, un œil en cornaline et en verre. Italie, xviie siècle.

Diam., 4 cent.

103 — Médaillon en or émaillé, enrichi de pierres de couleur et présentant, au centre, un buste de sainte Madeleine en prières. Italie, xviie siècle.

Diam., 45 millim.

104 — Pendeloque en forme de vase en cornaline, montée en or émaillé avec perle. xviie siècle.

Haut., 3 cent.

105 — Petit bijou-pendeloque en argent doré. Il est en forme de gourde plate, ornée de cristaux églomisés à sujets saints. Italie, xvie siècle.

Haut., 6 cent.

106 — Pendeloque en argent doré, contenant, sur chaque face, un sujet saint émaillé sur or : sainte Madeleine et la Vierge tenant l'Enfant Jésus. Fin du xvie siècle.

Haut., 45 millim.

107 — Garniture de ceinture en argent niellé, présentant une tête d'homme et une figure de personnage étendu. Travail italien, fin du xve siècle.

Long., 16 cent.

108 — Couteau à lame courbe gravée, présentant des figurines et des inscriptions. Le manche, en bronze ciselé et doré, est orné de deux plaques niellées. Italie, xvie siècle.

Long., 37 cent.

109 — Petit couteau et fourchette à manche d'or partiellement émaillé, à médaillons à personnages et fleurettes. Milieu du xviie siècle.

Long., 17 cent.

110 — Petit couteau et fourchette à manches d'or émaillé, ornés chacun d'une figure d'enfant musicien abrité par une coquille. Décor de pampres et de mascarons sur la poignée. Italie, xviie siècle.

Long., 13 cent.

111 — Pendeloque en forme de flacon, en verre dit églomisé, à sujet saint et fleurs. Travail italien de la fin du xvie siècle.

Haut., 6 cent.

112 — Verre a boire de travail vénitien du xvie siècle, à filets blancs, dits *latticinio*. Il est garni d'un petit motif en argent ciselé et gravé, représentant un moulin, de travail hollandais. Il est accompagné d'un écrin en cuir noir gravé de la fin du xve siècle.

Haut., 18 cent.

113 — Statuette en jais, représentant saint Jacques le Majeur, debout, tenant ses attributs. Travail espagnol du xvie siècle.

Haut., 31 cent.

114 — Petit tableau, en verre dit églomisé, divisé en cinq compartiments présentant des sujets religieux sur fond d'or. Travail italien, fin du xvie siècle.

Haut., 18 cent.; larg., 15 cent.

115 — Coffret rectangulaire, à couvercle légèrement bombé, en bois et pâte, à décor polychrome et doré, présentant des sirènes, oiseaux, feuillages et inscriptions latines. Ancien travail italien.

Haut., 17 cent.; larg., 29 cent.

116 — Petite boite en argent doré, simulant un livre, orné sur les plats et sur le dos de plaques niellées à décor d'arabesques. Italie, fin du xvie siècle.

Haut., 65 millim.

117 — Boitier de montre de forme ovale, en agate grise. Le couvercle est bordé de pierres de couleur et orné intérieurement d'un émail : l'Annonciation. Époque Louis XIII.

Long., 5 cent.

118 — Grosse montre de voyage à double boitier. Le boîtier extérieur, plaqué d'écaille, est garni de cuivre. Le boîtier intérieur en argent ajouré et ciselé, est orné de figures allégoriques, avec les signes du Zodiaque au pourtour. xviie siècle.

Diam., 9 cent.

119 — Aiguière en verre rouge rubis. Monture en argent doré. Sur le couvercle, une allégorie de la guerre. xviie siècle.

Haut., 18 cent.

120 — Baiser de paix en nacre sculptée, aventurine et lapis, monté en cuivre doré. Il présente le Calvaire dans un encadrement architectural à fronton orné d'anges tenant les attributs de la Passion. Italie, xviie siècle.

Haut., 115 millim.

121 — Grosse montre de voyage en argent ciselé, ajouré et à décor de sujets de chasse.

Diam., 11 cent.

122 — Reliquaire en cuivre gravé, de forme quadrilobée, orné de cabochons de cristal et de pierres de couleur. Il repose sur un pied circulaire en cuivre champlevé et émaillé, à décor de palmettes. Limoges, xiiie siècle.

Hauteur totale, 27 cent.

123 — Reliquaire en cuivre doré et gravé. Le récipient en forme de boîte circulaire en cristal est surmonté de cinq clochetons cruciformes. Il repose sur une tige cylindrique à nœud orné de fleurettes en émail champlevé. Pied circulaire partiellement émaillé. En partie du XIVe siècle.

Haut., 34 cent.

124 — Reliquaire en cristal de roche avec couvercle et sur pied élevé à nœud et base hexagone en argent enrichi de cabochons. XVe siècle.

Haut., 22 cent.

125 — Baiser de paix en cuivre doré, orné d'une plaque d'argent niellé, présentant l'Adoration des Rois Mages. Italie, XVe siècle.

Haut., 195 millim.

126 — Calice en cuivre doré sur pied à nœud et à base découpée et ornée de fleurs et d'un écusson armorié. Travail italien. Fin du XVe siècle.

Haut., 22 cent.

127 — Figurine d'applique en argent repoussé avec traces de peinture et de dorure : la Vierge assise couronnée et reposant sur un cul-de-lampe. Fin du XVe siècle.

Haut., 14 cent.

128 — Reliquaire en argent en forme de doigt monté sur une base polylobée. Le doigt est enrichi de deux bagues à chatons formés de pierres de couleur. Fin du XVe siècle.

Haut., 20 cent.

129 — Gobelet avec couvercle formé d'une noix de coco sculptée et montée en argent doré. Travail allemand du XVIe siècle.

Haut., 13 cent.

130 — PETIT GOBELET à pans en argent niellé à décor de sujets bibliques, le pied est composé d'une tigette à torsades dressée sur une base d'argent niellé à figures. A l'intérieur du gobelet une écrevisse. Travail italien, XVIe siècle.

Haut., 135 millim.

131 — BAISER DE PAIX en cuivre doré, à fronton triangulaire. supporté par deux colonnettes cannelées. Il présente une plaque en argent repoussé : le Calvaire, d'après Moderno. Sur l'entablement et le soubassement, des inscriptions latines avec la date : *1562*. Italie, XVIe siècle.

Haut., 235 millim.

132 — PETIT RELIQUAIRE en cristal de roche taillé à facettes. Monture en bronze doré avec croix tenant lieu de bouton de couvercle. XVIe siècle.

Haut., 135 millim.

133 — BAISER DE PAIX en cuivre doré, orné d'une plaque en argent niellé, décorée du sujet du Baptême du Christ. Travail italien, XVIe siècle.

Haut., 15 cent.; larg., 11 cent.

134 — BAISER DE PAIX en cuivre, orné de plaques d'argent niellé, présentant la Pietà, le Père Éternel, vu en buste, une inscription et une signature avec la date : *1547*. Italie, XVIe siècle.

Haut., 13 cent.; larg., 9 cent.

135 — SIX SALIÈRES de forme ronde en argent repoussé et doré, à décor de mascarons, draperies et rinceaux. Travail allemand du commencement du XVIIe siècle.

Haut., 55 millim.

136 — GOBELET à pourtour émaillé, présentant un sujet familial, base et bordure en argent gravé. Travail d'Augsbourg, XVIIe siècle.

Haut., 10 cent.

137 — Six flambeaux composés chacun d'une figurine, en argent, d'ange debout, ailé et drapé, supportant une tige porte-lumière en bronze doré, et disposée sur un socle mouluré en bronze doré, garni d'un cartouche en argent repoussé. Italie, XVIIe siècle.

Haut., 31 cent.

138 — Coupe en argent de forme circulaire sur piédouche. Le fond de coupe en argent repoussé, partiellement doré, présente une scène de sacrifice de style antique, à nombreux personnages. Travail d'Augsbourg, XVIIe siècle. Poinçon de Jacob Jäger, 1673. Le revers de la coupe, ainsi que la tige, est orné de godrons saillants, et la base offre des cartouches séparés par des bouquets de fleurs et de fruits.

Diam., 205 millim.

IVOIRES

139 — Diptyque en ivoire sculpté, présentant, sous une triple arcature gothique, le Couronnement de la Vierge et la Mort de la Vierge. Monture en bois noir mouluré. Travail français, XIVe siècle.

Hauteur totale, 115 millim.; largeur totale, 150 millim.

140 — Grain de chapelet en ivoire sculpté, présentant un buste d'homme accolé à un buste de femme, et, sur le revers, une partie de squelette. Travail allemand du commencement du XVIe siècle.

Haut., 75 millim.

141 — Tête de mort à double face, avec inscription française. Ivoire sculpté, XVIe siècle.

Haut., 8 cent.

142 — Figurine en ivoire sculpté : Hercule terrassant le lion de Némée. La tête du demi-dieu est exécutée en or émaillé. Italie, XVIe siècle.

Haut., 5 cent.

143 — Statuette en ivoire sculpté : Hercule debout, portant la massue et la dépouille du taureau de Crète. Italie, xvie siècle.

Haut., 17 cent.

144 — Statuette de saint Sébastien lié à l'arbre, ayant près de lui un trophée d'armes de style antique. Ivoire sculpté. Travail italien de la fin du xvie siècle.

Haut., 31 cent.

145 — Gobelet en ivoire sculpté en bas-relief, décoré de rinceaux fleuris, au milieu desquels se distinguent des amours chassant ou jouant. Fin du xvie siècle. Bordure d'argent doré.

Haut., 11 cent.

146 — Petit cabinet en ivoire sculpté fermant à deux vantaux, présentant, cinq fois répété, le sujet d'Adam et Ève tentés par le serpent. A l'intérieur, des tiroirs ornés d'arabesques. Italie, xviie siècle.

Haut., 18 cent.; larg., 22 cent.

147 — Statuette en ivoire sculpté, présentant le Christ à la colonne. xviie siècle. Base en bois peint noir et doré.

Haut., 16 cent.

148 — Gobelet avec couvercle en ivoire sculpté en bas-relief, décoré de jeux d'enfants. Le pied est orné de mascarons, figures et coquilles. xviie siècle.

Haut., 19 cent.

149 — Haut-relief en ivoire sculpté, présentant saint Jean-Baptiste portant l'agneau sur ses épaules. Fond de paysage. xviie siècle.

Haut., 13 cent.

150 — Statuette en ivoire sculpté de personnage debout portant une grande hotte. Travail allemand, xviie siècle. Monture en argent doré.

Haut., 17 cent.

VITRAUX

151 — Vitrail rectangulaire en couleurs, présentant deux hommes d'armes debout, en armure, portant, l'un un étendard, l'autre une hallebarde. Entre eux, deux écussons d'armoiries superposés, dont un aux armes d'Empire. xvie siècle.

Haut., 32 cent.; larg., 22 cent.

152 — Vitrail rectangulaire en couleurs, présentant un homme d'armes debout, portant un étendard rouge. Travail suisse, xvie siècle.

Haut., 34 cent.; larg., 23 cent.

153 — Vitrail rectangulaire en couleurs, présentant un homme d'armes debout, en armure, portant un étendard et un écusson écartelé jaune et rouge. En bas, une inscription et la date : *1607*. Travail suisse, commencement du xviie siècle.

Haut., 33 cent.; larg., 21 cent.

154 — Vitrail rectangulaire en couleurs. Il présente un écusson d'armoiries écartelé et timbré d'un casque, un homme d'armes debout en armure, et à la partie supérieure, une frise représentant une bataille. xviie siècle.

Haut., 34 cent.; larg., 31 cent.

155 — Vitrail rectangulaire en couleurs, il présente, au centre, un écusson aux armes d'empire, et deux écussons à la partie inférieure. xviie siècle.

Haut., 33 cent.; larg., 30 cent.

156 — Vitrail rectangulaire en couleurs, composé de divers fragments, tels que : un écusson d'armoiries avec l'agneau mystique, un homme d'armes, un amour battant du tambour, etc. xviie siècle.

Haut., 43 cent.; larg., 31 cent.

157 — Vitrail rectangulaire en couleurs, présentant un écusson timbré d'un chapeau de cardinal. A la partie supérieure : saint Michel, la Vierge et de saints personnages. xviie siècle.

Haut., 41 cent.; larg., 31 cent.

158 — Vitrail rectangulaire en couleurs, présentant un homme d'armes debout en armure, et un saint évêque crossé et mitré. En bas, l'inscription allemande : *Die Statt.* Travail suisse, xviie siècle.

Haut., 42 cent.; larg., 31 cent.

159 — Vitrail rectangulaire, présentant un homme d'armes debout en armure, tenant un étendard décoré d'un chien de sable sur champ d'or. Il porte la date : *1634*. Travail suisse. xviie siècle.

Haut., 33 cent.; larg., 21 cent.

160 — Deux panneaux de forme rectangulaire : vitraux de couleurs, présentant chacun un personnage peint en grisaille dans un encadrement composé de fragments polychromes.

Haut., 27 cent.; larg. 31 cent.

BRONZES — FERS

161 — Christ en bronze doré, provenant d'une croix, vêtu d'un périzonium plissé, et crucifié à quatre clous. xiie siècle.

Haut., 18 cent.

162 — Deux marteaux de portes en fer ciselé et ajouré, en forme d'animaux, fixés sur une plaque d'attache simulant une rosace. Travail espagnol, xve siècle.

Haut., 24 cent.

163 — Petit groupe en bronze peint et doré, présentant la Vierge debout, drapée et voilée, allaitant l'Enfant Jésus; à ses pieds, des têtes de chérubins. xve siècle.

Haut., 22 cent.

164 — Petit groupe en bronze patiné, représentant saint Georges à cheval, revêtu d'une armure, et venant délivrer la fille du roi de Lydie. Terrasse en bronze découpé et ajouré. xve siècle.

Haut., 15 cent.

165 — Bas-relief, sans fond, en bronze patiné du xvie siècle: buste du roi Henri II, la tête laurée, de profil à droite; il porte une riche armure avec collerette tuyautée et le collier de l'ordre de Saint-Michel.

Il est appliqué sur un fond de marbre rouge griotte, avec cadre en marbre bleu turquin.

Hauteur du cadre, 63 cent.; larg., 48 cent.

166 — Robinet en bronze, présentant un satyre accroupi au pied d'un arbre, le tout disposé sur une tête de dauphin. Italie, xvie siècle.

Haut., 13 cent.

167 — Lampe à deux becs, en bronze, en forme de fleuron; elle est surmontée d'une petite statuette d'enfant nu appuyé sur une targe. Italie, xvie siècle.

Haut., 15 cent.

168 — Statuette en bronze patiné, Vénus debout et nue, tenant une torche. Travail italien du xvie siècle. Base en marbre.

Haut., 28 cent.

169 — Petit groupe en bronze patiné, présentant un enfant nu armé d'une lance et terrassant un dauphin : il est disposé sur une base triangulaire, ornée de rinceaux. Italie, xvie siècle.

Hauteur totale, 15 cent.

170 — Figurine en bronze, fondue à cire perdue, présentant le Temps armé de la faux et tenant le sablier au-dessus de sa tête. Italie. xvie siècle.

Haut., 13 cent.

171 — Petit groupe en bronze patiné, présentant Hercule et le lion de Némée. Socle rond mouluré. Italie, xvie siècle.

Haut., 25 cent.

172 — Statuette en bronze patiné, présentant un satyre nu, agenouillé, le bras droit levé et la tête tournée vers l'épaule droite. Italie, xvie siècle.

Haut., 18 cent.

173 — Flambeau en bronze patiné : il est formé d'une statuette d'amour, nu et debout sur une base triangulaire feuillagée, soutenant au-dessus de ses épaules la douille porte-lumière. Travail vénitien du xvie siècle.

Haut., 26 cent.

174 — Statuette en bronze patiné : Vénus au Dauphin. Travail italien du xvie siècle.

Haut., 25 cent.

175 — Figurine d'enfant nu, debout, s'appuyant du bras gauche sur un écusson de prélat. Bronze patiné. Travail italien du xvie siècle. Base en marbre noir et porphyre.

Hauteur de la statuette, 13 cent.

176 — Petite statuette en bronze patiné : Mercure, d'après Jean de Bologne. Travail italien, xvie siècle.

Haut., 15 cent.

177 — Dragon rampant, en bronze patiné. Travail italien du xvie siècle.

Long., 15 cent.

178 — Statuette en bronze patiné, présentant Hercule, nu et debout, tenant la massue. A ses pieds, l'hydre de Lerne. Italie, xvie siècle. Socle en marbre rouge.

Haut., 15 cent.

179 — Statuette en bronze patiné, représentant Atlas nu, accroupi, faisant le geste de soutenir le monde. Travail italien, xvie siècle. Base en marbre.

Hauteur de la statuette, 17 cent.

180 — Figurine en bronze patiné, représentant Hercule nu, debout, la main gauche appuyée sur la massue, la peau de lion enroulée au bras droit. Travail italien, xvie siècle. Base en granit.

Hauteur de la statuette, 12 cent.

181 — Deux petits modèles de canon en bronze gravé, ciselé et doré. Fin du xvie siècle.

Long., 12 cent.

182 — Statuette en bronze patiné : Vénus pudique, d'après l'antique. Travail italien de la fin du xvie siècle.

Haut., 32 cent.

183 — Deux chandeliers en bronze, composés chacun d'une statuette de femme nue debout, tenant sur la tête la douille porte-lumière; bases rondes cannelées. Fin du xvie siècle.

Haut., 31 cent.

184 — Petit taureau en bronze verni rouge, passant vers la gauche. Ancien travail italien. Socle en bois noir.

Haut., 22 cent.

185 — Statuette en bronze patiné d'enfant nu, debout, le bras droit levé, faisant le geste d'attraper un papillon. Ancien travail italien.

Haut., 22 cent.

186 — Statuette en bronze patiné : Atlas nu et debout, les mains appuyées contre les hanches. Socle rond en bois noir. Ancien travail italien.

Haut., 27 cent.

187 — Coupe ronde en bronze patiné, décorée extérieurement d'une frise de palmettes : elle est supportée par trois tritons, en bronze doré. Ancien travail italien. Base ronde en marbre de couleurs.

Hauteur totale, 22 cent.

188 — Encrier en bronze, formé d'une statuette de triton tenant une conque marine. Ancien travail italien.

Haut., 12 cent.

189 — Sonnette en bronze ciselé, décorée de guirlandes feuillagées et de médaillons à personnages et animaux. Ancien travail italien.

Haut., 15 cent.

190 — Petit griffon en bronze, les ailes déployées. Ancien travail italien.

Haut., 13 cent.

191 — Chimère en bronze patiné, représentée assise, la tête entourée d'une draperie dont les plis se prolongent jusqu'aux épaules. Ancien travail italien.

Haut., 19 cent.

192 — Groupe en bronze doré, représentant un personnage nu combattant un lion. Base ronde feuillagée. Travail allemand du xvie siècle. Il semble provenir d'une horloge.

Haut., 25 cent.

193 — Neuf pièces en bronze, présentant des cavaliers sur des chevaux marins, des dauphins, des tritons et des figures allégoriques dont l'ensemble, disposé sur un socle mouluré, orné d'écussons armoriés, forme une fontaine. Travail allemand, XVIIe siècle.

Hauteur du socle, 40 cent.

194 — Groupe en bronze à patine rouge, présentant une bacchante debout, jouant des crotales; elle est accompagnée d'un enfant satyre. Italie, XVIIe siècle.

Haut., 35 cent.

195 — Deux bustes en bronze ciselé et doré de personnage, l'un, en armure, les cheveux longs tombant sur les épaules, l'autre, en pourpoint, orné d'une fraise autour du cou. Socle en bois mouluré simulant le marbre. XVIIe siècle.

Hauteur du buste, 31 cent.

196 — Cadre de forme octogonale, en bronze, partiellement doré. Il est orné de godrons, de palmettes et d'un motif rapporté présentant deux amours.

Haut., 83 cent.

197 — Deux petits bustes en bronze patiné, représentant l'un Henri IV, l'autre Marie de Médicis. XVIIe siècle. Sur piédouche en cuivre et stuc jaune du temps de l'Empire.

Hauteur du buste, 19 cent.

198 — Petit buste en bronze patiné : portrait présumé de Ferdinand II de Toscane, représenté les cheveux longs. XVIIe siècle.

Haut., 9 cent.

199 — Hausse de canon en bronze ciselé et doré, décorée de rinceaux et de trophées, ainsi que des armes de Saxe sur une face et des armes de Habsbourg sur l'autre. Elle est datée : *1601*, et porte les initiales *C. T. M.*

Haut., 19 cent.

BOIS SCULPTÉS

200 — Haut-relief sans fond, en bois sculpté, présentant la Mise au tombeau. Composition de huit personnages. Travail flamand, fin du xve siècle.

Haut., 40 cent.; larg., 35 cent.

201 — Panneau rectangulaire en bois sculpté, décoré de nombreux personnages et de grotesques. Travail espagnol, xvie siècle.

Haut., 1 m. 25; larg., 57 cent.

202 — Buste-reliquaire en bois sculpté, peint et doré, de sainte femme en costume civil et couronnée. Travail espagnol, xvie siècle.

Haut., 75 cent.

203 — Treize figurines en bois sculpté : le Christ et les apôtres représentés debout et tenant leurs attributs. xvie siècle. Ils sont disposés sur un grand socle et placés dans une vitrine.

Haut., 12 cent.

204 — Trois hauts-reliefs sans fond, en bois sculpté, peint et doré, présentant : le Portement de croix, l'Évanouissement de la Vierge et la Mise au tombeau : compositions de nombreux personnages en costumes du temps. xvie siècle.

Haut., 45 et 78 cent.

205 — Haut-relief sans fond, en bois sculpté, offrant la Présentation au Temple : groupe de cinq personnages. Flandres, xvie siècle.

Haut., 39 cent.

206 — Bas-relief, de forme rectangulaire, en bois sculpté et partiellement peint, présentant le Christ de douleur. Au second plan, une baie, à travers laquelle on aperçoit la Vierge en prières. Fond de paysage avec calvaire. En haut, une inscription latine. En bas, la signature : *Johann Georg. Fischer fecit.* Travail allemand, xvie siècle. Cadre en bois noir.

Haut., 27 cent. ; larg., 22 cent.

207 — Petit retable, composé d'un soubassement surmonté d'un triptyque, et présentant divers sujets saints, tels que : le Calvaire, le Portement de croix, la Flagellation, etc. xvie siècle. Encadré.

Haut., 22 cent. ; larg., 17 cent.

208 — Devant de coffre en bois sculpté, en haut-relief, présentant un cartouche armorié, soutenu par deux amours et placé entre deux compartiments, contenant des sujets militaires de style antique. Travail italien du xvie siècle.

Haut., 33 cent. ; larg., 1 m. 70.

209 — Panneau rectangulaire, en bois sculpté, en haut-relief, présentant l'Adoration des Rois Mages. Composition de nombreux personnages. xvie siècle.

Haut., 87 cent. ; larg., 55 cent.

210 — Petit triptyque en bois sculpté en relief, présentant, au centre, le Calvaire et la Descente de croix et, sur l'intérieur des volets, six compositions à sujets saints. xvie siècle.

Haut., 12 cent. ; largeur ouvert, 145 millim.

211 — Statuette en bois sculpté et repeint : la Vierge, debout, tenant un livre ouvert. xvie siècle.

Haut., 80 cent.

212 — Statuette en bois sculpté, représentant saint Jean debout, amplement drapé et tenant un calice de la main gauche. Travail allemand, fin du xvie siècle.

Haut., 36 cent.

213 — DEUX HAUTS-RELIEFS rectangulaires en bois sculpté, présentant des sujets tirés de l'Histoire d'Alexandre. Composition de nombreux personnages : cavaliers, etc. Commencement du XVIIe siècle. Encadrés.

Haut., 22 cent.; larg., 28 cent.

214 — STATUETTE en bois sculpté, peint et doré : Vierge ouvrante, debout, drapée, les cheveux défaits, et présentant intérieurement de nombreux sujets saints, sculptés en bas-relief et dorés. Travail espagnol du XVIIe siècle.

Haut. 26 cent.

215 — QUATRE PETITS BUSTES en bois sculpté, représentant des paysans dans des attitudes diverses. XVIIe siècle. Travail flamand. Socles en bois noir.

Haut., 12 cent.

216 — STATUETTE en bois sculpté, représentant saint Jean debout, tenant le calice contenant le serpent. XVe siècle.

Haut., 95 cent.

217 — PANNEAU rectangulaire, en bois sculpté, en haut-relief, présentant l'Adoration des Rois Mages. Composition de nombreux personnages. XVIe siècle.

Haut., 87 cent.; larg., 55 cent.

SCULPTURES

218 — HAUT-RELIEF rectangulaire, en albâtre sculpté, avec traces de peinture, présentant une composition à nombreux personnages, figurant l'arrestation du Christ. Travail anglais du XIVe siècle.

Haut, 45 cent.; larg., 26 cent.

219 — Statuette-applique, en pierre sculptée, représentant une sainte femme debout, amplement drapée, tenant un livre de la main gauche. xve siècle.

Haut., 63 cent.

220 — Statuette en pierre sculptée, avec traces de polychromie, présentant un saint personnage debout, vêtu de long, couvert d'un manteau orné d'un galon gemmé. xve siècle.

Haut., 73 cent.

221 — Groupe en pierre, présentant saint Nicolas debout, mitré et bénissant; à ses pieds, les enfants dans la cuve. Travail français du xve siècle.

Haut., 1 m. 30.

222 — Groupe en pierre sculptée, représentant la Vierge debout, tenant sur son bras gauche l'Enfant Jésus, qui porte une pomme et bénit. Travail français du xve siècle.

Haut., 1 m. 45.

223 — Haut-relief rectangulaire, en pierre grise, présentant le Christ en croix, entre la Vierge et sainte Lucie debout, tenant un calice, sur lequel sont posés deux yeux. Elle tient de la main gauche la palme du martyre. Travail allemand, fin du xve siècle.

Haut., 28 cent.; larg., 20 cent.

224 — Bas-relief sans fond, en albâtre, présentant la Mise au tombeau. Composition de six personnages. Travail italien, xvie siècle.

Larg., 22 cent.

225 — Groupe en pierre, présentant sainte Anne, debout drapée et couronnée, accompagnée d'un ange soutenant le pan gauche de son manteau. Travail français du commencement du xvie siècle.

Haut., 77 cent.

226 — Médaillon rond en marbre tendre blanc sculpté en haut-relief, présentant la Pietà. Au fond, les attributs de la Passion. Italie, XVIe siècle. Encadrement mouluré en bois.

Diam., 30 cent.

227 — Statuette de sainte martyre, en marbre blanc, amplement drapée et tenant la palme de la main droite. XVIe siècle.

Haut., 73 cent.

228 — Statuette en pierre sculptée, représentant un diacre debout, tenant un livre fermé. XVIe siècle.

Haut., 82 cent.

229 — Frise en deux parties, en marbre blanc, ornée de pampres. Italie, XVIe siècle.

Longueur totale, 2 m. 20

230 — Statuette-applique en pierre sculptée et peinte, représentant sainte Barbe, tenant un livre ouvert, debout auprès de la tour. XVIe siècle.

Haut., 60 cent.

MEUBLES

231 — Coffre en bois sculpté. Il est orné, sur la face, de cinq compartiments à fenestrages gothiques. En partie du XVe siècle.

Larg., 1 m. 40.

232 — Stalle en bois sculpté, à décor d'animaux et feuillages. En partie du XVIe siècle.

Haut., 1 m. 74.

233 — Trois fauteuils et deux chaises en bois sculpté, sièges et dossiers garnis de cuir en partie doré. Travail italien du XVIIe siècle.

Haut., 1 m. 15.

234 — Meuble a deux corps en bois sculpté fermant à quatre portes et contenant deux tiroirs. Décor de colonnettes et petites feuilles. xvie siècle.

Haut., 1 m. 73; larg., 1 m. 15.

235 — Dressoir en bois sculpté, contenant deux tiroirs et une petite armoire centrale. La porte de cette armoire présente un mascaron dans un encadrement de moulures. En partie du xvie siècle.

Haut., 1 m. 45; larg. 1 m. 02.

236 — Dressoir en bois sculpté à décor de colonnettes avec mufle de lion au milieu de l'arcade centrale. Au fond un panneau sculpté présentant une figure de source. Il contient un tiroir. En partie du xvie siècle.

Haut., 1 m. 47; larg., 1 m. 10.

237 — Coffre en bois sculpté. Il est orné, sur la face, de quatre panneaux à médaillons, bustes de personnages et rinceaux. Ils sont séparés par des balustres aplatis. xvie siècle.

Larg., 1 m. 25.

238 — Coffre en bois sculpté; il est orné, sur la face, de cinq panneaux Renaissance, à feuillage et oiseaux. Il est muni d'une plaque de serrure en fer ciselé. xvie siècle.

Larg., 1 m. 50.

239 — Meuble en bois sculpté, à deux portes et deux tiroirs, sur console à fond plein. Il est décoré d'une cariatide, de deux colonnettes, de mascarons, de têtes de chérubins, etc. En partie de la fin du xvie siècle.

Haut., 1 m. 67; larg., 1 m. 80.

240 — Meuble bas à une porte, en bois sculpté. Sur la porte, le sujet de l'Adoration des Rois Mages. De chaque côté, des balustres. xviie siècle.

150

Larg., 1 m. 30.

241 — Petit cabinet à abattant, couvert en velours rouge et garni de cuivre ajouré et repoussé. Il est orné, extérieurement, d'arabesques, de rinceaux et de dauphins. Il contient de nombreux tiroirs ornés de rinceaux et d'un sujet saint. Le revers du couvercle offre le sujet de l'Ensevelissement du Christ. xviie siècle.

1280

Haut., 21 cent.; larg., 19 cent. 1/2.; prof., 15 cent.

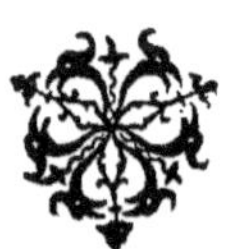

www.ingramcontent.com/pod-product-compliance
Lightning Source LLC
LaVergne TN
LVHW010006230826
846092LV00002B/670